# 엄청나게 신기하고 볼수록 빠져드는
# 인체 탐험

사라 헐 글

수산나 루미즈 그림

케이티 웨브 디자인

신인수 옮김

살마 아메드 박사 감수

## 인터넷에서 자료 찾기

어스본 바로가기(usborne.com/quicklinks)에 방문해서 검색창에 'Lots of things to know about Your Body'를 입력해 보세요. 이 책에 나온 우리 몸에 관한 더 많은 정보를 접할 수 있어요.

'어스본 바로가기'에서는 인터넷 안전 지침을 지켜 주세요. 어린이가 인터넷을 사용하는 동안 보호자가 옆에서 지도해 주세요.

우리 몸에서 가장 큰 기관은 **피부**라는 사실을 알고 있었나요?

우아! 그런데 기관이 뭐예요?

62쪽 〈낱말 풀이〉에서 단어 뜻을 찾아봐. 63-64쪽 〈찾아보기〉에서는 궁금한 주제가 어디에 실려 있는지 확인할 수 있어.

# 크게 심호흡해 보세요!

가슴이 움직이는 게 느껴지나요?
폐 속으로 공기가 밀려 들어가고 있는 거예요.

공기가 **폐포**라는
작은 공기 주머니 6억 개를 부풀리면…

**폐포**

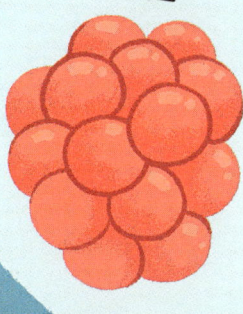

…우리 몸은 공기에서
**산소**를 얻어요.
우리가 호흡하고
살아가기 위해서는
산소가 꼭 필요해요.

우리는 보통
의식하지 않고도
1분에 16번씩 호흡해요.

여러분은 아마
**30초**에서 **1분** 정도
숨을 참을 수 있을 거예요.

하지만 훈련받은 잠수부는
무려 **20분** 동안
숨을 참을 수 있어요.

## 배꼽은 왜 있을까요?

배꼽은 얼핏 보기에는 아무런 역할도 하지 않는 기관처럼 보여요.
하지만 우리는 한때 배꼽 덕분에 살 수 있었어요.

우리는 태어나기 전,
엄마의 따뜻하고 아늑한 자궁 속에서
약 열 달 동안 자랐어요.

그동안 우리는
엄마와 **탯줄**이라는
관으로 연결되어 있었지요.

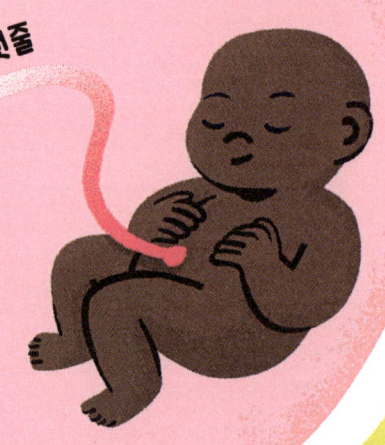

자궁

탯줄

엄마가 먹는 영양분이나
물, 산소 등을 탯줄을 통해
전달받으며 무럭무럭
자랐답니다.

우리가 세상에
태어난 뒤에 탯줄은 말라서
떨어져 나가고,
탯줄이 있던 자리에는
흔적만 남았어요.
그 흔적이 바로 **배꼽**이에요.

여러분의 배꼽은
튀어나와 있나요,
쑥 들어가 있나요?

# 아기는 생각보다 훨씬 더 신기해요!

자궁 속에 있는 아기에게도
콧수염이 자라요.

이 털을 **배내털**이라고 해요.
아기가 엄마 배 속에서 네 달쯤 자라면
윗입술에 배내털이 나기 시작해요.
그리고 차차 온몸에 털이 나기 시작하지요.

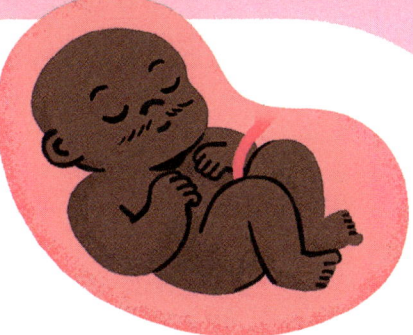

배내털은 보통 아기가
태어나기 전에 빠져요.

갓 태어난 아기는 제대로 울지 못해요.
우는 소리는 내지만
눈물은 흘리지 않는답니다!

으애애애애애애애애애!

아기는 태어난 지 한 달은 지나야
눈에서 눈물을 만들 수 있어요.

아기는 여러분보다 더 많은 뼈를 가지고 있어요.
아기의 뼈대는 300여 개의 뼈로 이루어져 있어요. 뼈는 자라나면서
점점 더 단단해지고, 몇몇 뼈들은 서로 합쳐지기도 해요.

머리 위쪽 뼈
4개는 하나로
합쳐져요.

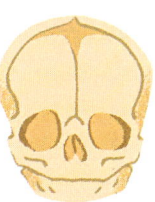

아기 머리뼈

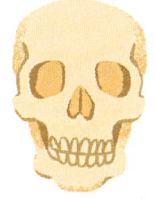

어른 머리뼈

다 자라고 나면
약 206개의 뼈를
갖게 될 거예요.

# 얼마나 많은 음식을 먹을까요?

음식은 우리 몸을 계속 움직일 수 있게 해 주는 연료예요.
우리는 살아가는 동안 **아주 많은 음식**을 먹지요.

우리는 평생 동안
아마 **코끼리 다섯 마리**를
합친 무게보다
더 많은 양의 음식을
먹을 거예요!

콘크리트 믹서 트럭
여섯 대를 가득 채울 수 있는 양의
음료를 마실 거고요.

# 위 속에는…

…금속을 녹일 만큼 강한 **염산**이라는 물질이 아주 많이 들어 있어요.

위에서 나오는 **위액**에 염산이 들어 있지요. 위액은 음식물의 소화를 돕고, 우리 몸이 영양소와 에너지를 얻을 수 있게 해 줘요.

샐러드

빵 껍질

사과 조각

푸쉬이이…

우리가 녹고 있어!

위

펑!

위액은 음식물에 든 병균을 없애 주는 역할도 해요. 우리 몸에 들어온 병균은 우리를 아프게 만들거든요.

위액

위액이 위를 녹이기도 하나요?

점액

아니, 위는 위액에 녹지 않아. 끈적한 점액이 위벽을 감싸서 위액으로부터 위를 보호해 주거든.

7

# 가장 힘센 근육은 무엇일까요?

우리 몸에서 가장 열심히 일하는 근육은 **심장**이에요.

심장은 우리가 태어나기 약 여덟 달 전부터 뛰기 시작해서 죽을 때까지 멈추지 않고 일해요.

**종아리 뒤쪽 근육**도 아주 힘이 세요.

종아리 근육은 몸을 곧게 세우거나 발끝으로 서는 것을 도와줘요.

우리 몸에서 가장 커다란 근육은 **엉덩이 근육**이에요.

이 근육은 자리에 앉아 있거나, 쭈그려 앉아 있다가 일어나는 것을 도와주지요.

# 뿡, 실례합니다!

어디선가 구린내가 폴폴 나는걸요! 대체 무슨 냄새인지 살펴볼까요?

아무 곳에서나 방귀를 뀌는 건 예의에 어긋나는 행동일 수도 있어요. 하지만 방귀가 나오는 것은 지극히 정상적이고 건강한 현상이랍니다.

어이쿠!

누구나 하루에 **5~15번** 정도 방귀를 뀌어요.

뿌우웅!

하루에 뀐 방귀를 모두 모으면 **풍선 한 개를** 가득 채울 수 있을 거예요.

# 얼마나 많은 시간을 보낼까요?

# 저마다 다른 키와 몸집

세상에서 가장 키가 큰 사람과 가장 키가 작은 사람이 표준 크기의 침대를 쓰면 어떻게 되는지 살펴보아요.

사람들 대부분은 표준 크기의 침대에 편안하게 누울 수 있어요.

하지만 인류 역사상 가장 키가 큰 사람인 '로버트 퍼싱 워들로'에게 이 침대는 굉장히 짧을 거예요.

내 키는 세상에서 가장 키가 작은 사람인 '찬드라 바하두르 당기'와 같아요.

1.6m

54.6cm

2.72m

**키와 몸집에 상관없이 누구나** 같은 치수도 있어요.

양팔을 쭉 펴 보세요.

한쪽 손끝부터 반대쪽 손끝까지의 길이는…

…보통 정수리부터 발끝까지의 길이와 같아요.

두 눈은 머리부터 턱 사이 얼굴 중간쯤에 있어요.

두 눈 사이의 거리는 한쪽 눈의 가로 길이와 같지요.

또 손목에서 팔꿈치까지의 길이는…

…한쪽 발 길이와 거의 같답니다.

# 똑같은 지문을 가진 사람도 있을까요?

손가락 끝을 자세히 들여다보세요. 고리 모양이나 소용돌이 모양 또는 아치 모양을 볼 수 있어요.

전 세계에 같은 지문을 가진 사람은 단 한 명도 없어요.

**이름 모를 예술가의 지문**

**맥스의 오른손 지문**

**밀로의 오른손 지문**

일란성 쌍둥이도 지문은 서로 다르게 생겼어요.

만약 지문처럼 혀 무늬도 찍을 수 있다면, **혀 무늬**가 같은 사람은 한 명도 없을 거야.

# 번쩍, 파지직!

우리 몸에는 뇌에 신호를 보내고 받을 때 쓰이는 전기가 흐르고 있어요. 전기 신호가 어떻게 뇌에 전달되고, 뇌는 어떻게 지시를 내리는지 살펴보세요.

우리가 무언가에 손을 대면, 손끝에서 뇌로 전기 신호가 전달돼요.

복슬복슬해!

지지징!

전기 신호는 굉장히 **빠른 속도**로 이동해요. 우리 몸에서 가장 빠르게 움직이지요.

껴안아 줘!

지지징!

지지징!

껴안아 줘!

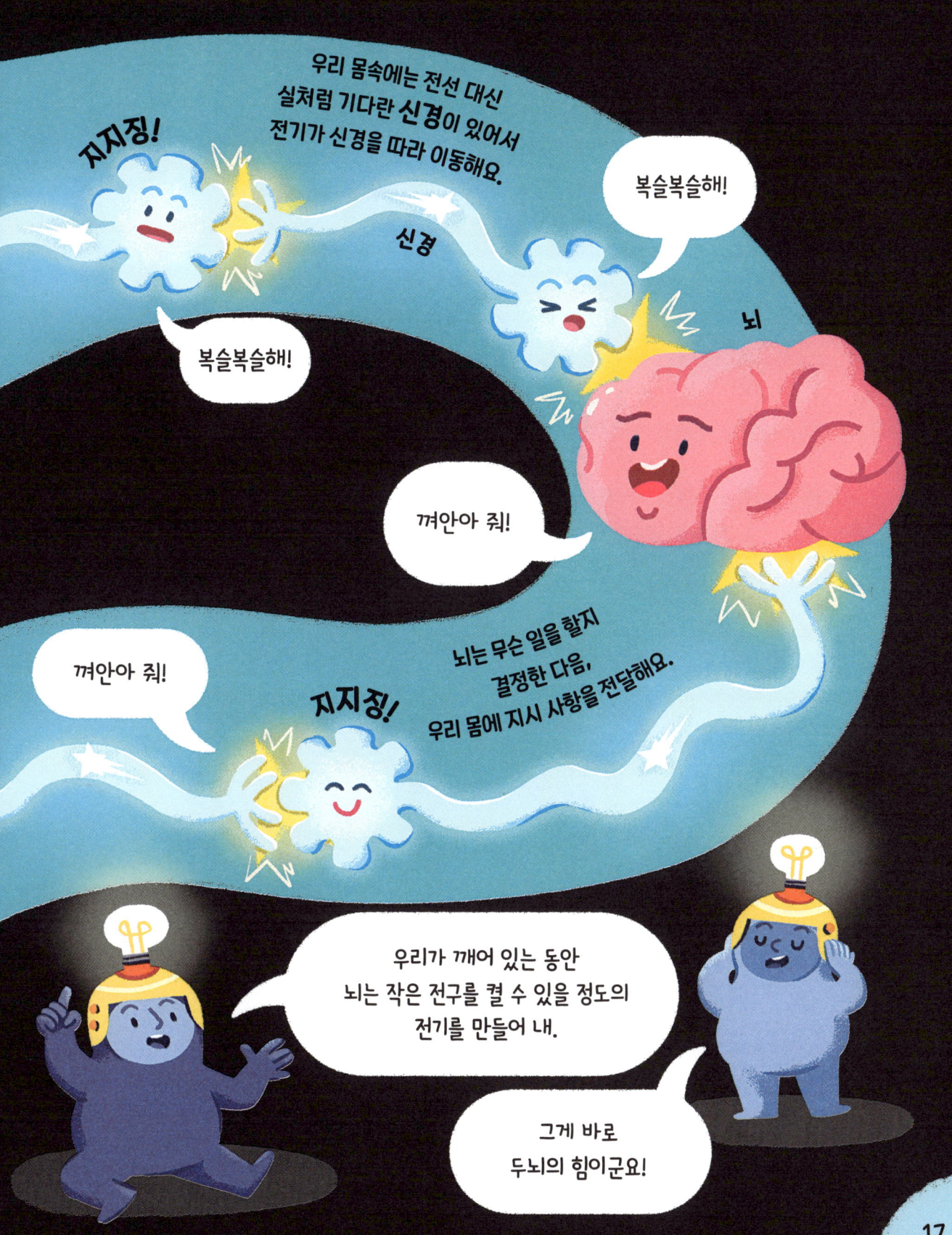

# 다섯 가지 맛만 느끼는 혀

브로콜리, 산딸기, 초콜릿 케이크, 치즈 등
세상에는 아주 다양한 음식들이 있어요.
하지만 혀는 오직 다섯 가지 맛만 느낄 수 있지요.

우리는 **맛봉오리**라고 해요.
맛을 감지하는 작은 기관이지요.
혀에는 수천 개의
맛봉오리가 있어요.

단맛

신맛

쓴맛

감칠맛

짠맛

하나의 맛봉오리에는
다양한 맛을 담당하는
맛세포 수십 개가 있어요.

다섯 번째 맛은
음식의 풍미를
좋게 해 주는 맛인
**감칠맛**이라고 해요.

하지만 맛봉오리만이 음식 맛을 결정하는 건 아니에요.

이 초콜릿 케이크 정말
맛있어 보이는걸.
냄새도 아주 좋아!

음,
부드러워!

사르르르

눈과 코, 입이 함께 음식을 보고,
냄새를 맡고, 맛을 느끼며
음식 맛을 결정하지요.

# 방울양배추는 왜 맛이 없을까요?

어린이는 미각이 뛰어나요.
입속에 있는 맛봉오리가 무려 **3만** 개나 되거든요.

어린이는 맛봉오리를 많이 가지고 있기 때문에, 방울양배추 맛처럼 쓴맛을 특히 민감하게 느껴요.

아주 약한 쓴맛이라면 먹을 수 있겠지만, 강한 쓴맛은 정말 싫어요!

쓴맛

우웩, 방울양배추에서 아주 끔찍한 맛이 나요!

글쎄, 내 입에는 아주 맛있는데.

어른의 맛봉오리는 **1만** 개 정도예요.
그래서 어린이에 비해 쓴맛을 덜 느낀답니다.

# 어른도 키가 자랄까요?

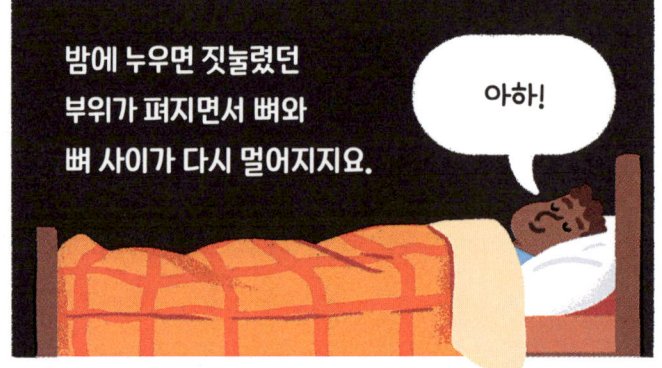

# 피가 빨간색인 이유

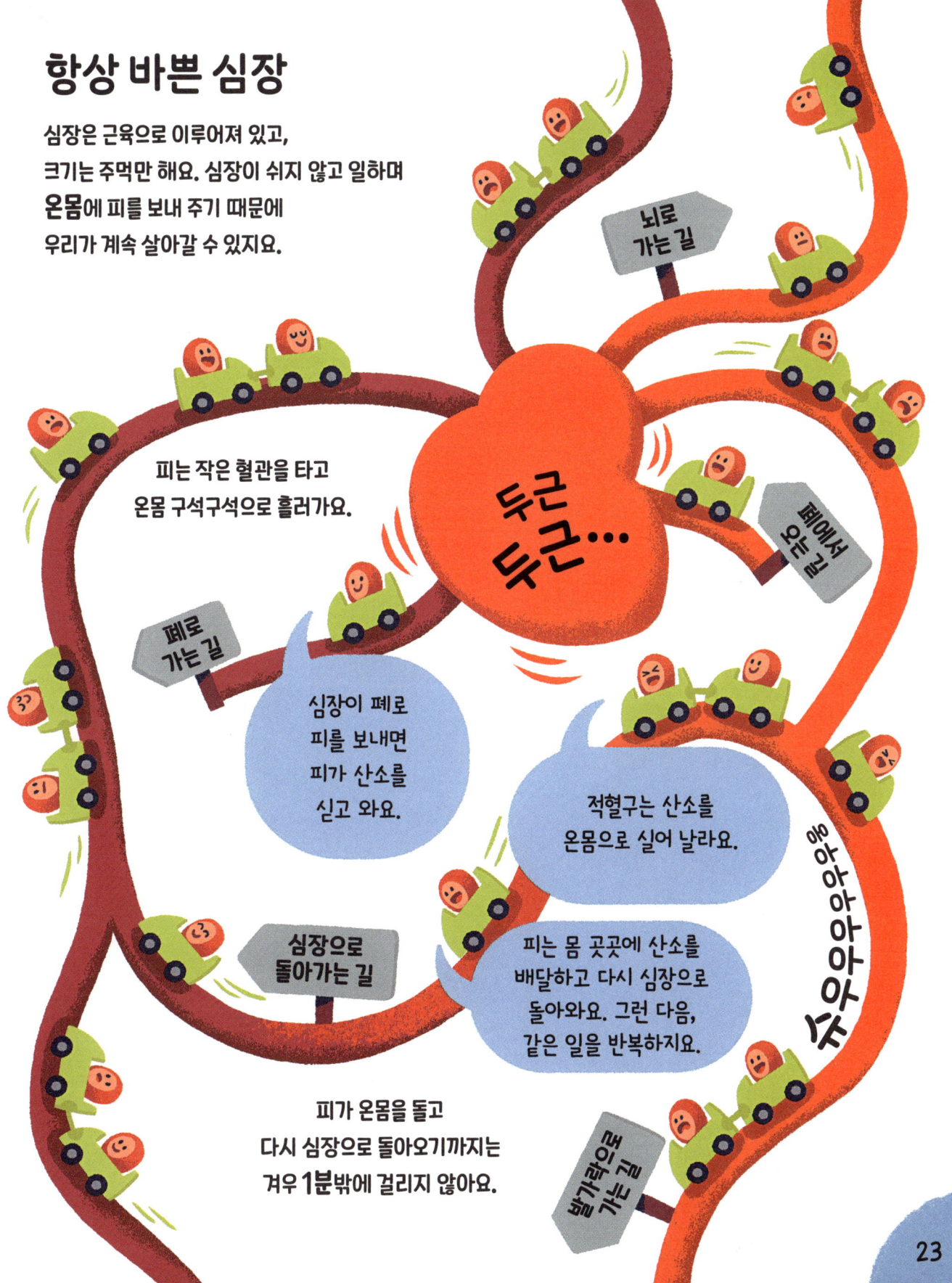

# 우리는 모두 도움이 필요해요!

우리 몸의 생김새나 기능은 저마다 달라요.
어떤 차이점은 눈에 띄게 남들과 달라 보이기도 하지요.
우리 몸에서 건강한 부분은 저마다 다르고,
어떤 사람들은 도움을 필요로 하기도 해요.

많은 사람들이 물체를 또렷이 보기 위해서 안경이나 콘택트 렌즈를 껴요. 네 명 중 세 명 정도는 시력이 나쁘답니다.

나는 시각장애인이고 앞을 볼 수 없어요. 외출할 때에는 안내견의 도움을 받아요.

나는 말을 할 수 없어서 친구와 수어로 대화를 나눠요.

나는 소리를 잘 듣기 위해 귀에 보청기를 꼈어요.

수줍음을 많이 타는 사람은 다른 사람들과 이야기하기 힘들 수도 있어요.

안녕?

나는 한쪽 다리만 가지고 태어났어요. 그래서 걷고 뛰는 것을 도와주는 의족을 착용해요.

500원… 600원… 700원… 거의 다 됐어요… 700원하고… 또 50원.

어떤 사람은 목발이나 지팡이를 짚고 걸어요. 휠체어나 전동 휠체어를 타기도 하지요.

뇌도 저마다 다른 방식으로 기능해요. 어떤 사람들은 무언가를 배우거나 행동을 할 때 더 많은 시간을 필요로 하기도 해요.

넌 내가 내 몸에 대해 얼마나 많이 아는지 모를 거야!

어떤 사람은 가만히 앉아서 집중하는 것을 어려워하기도 하지요. 하지만 이런 사람들은 창의력이나 기억력이 아주 뛰어날지도 몰라요.

누군가에게 장애가 있는지 한눈에 알아채기는 어려울 수도 있어. 그러니까 우리는 타인을 기다려 주고, 친절하게 대해야 한단다.

# 없어도 살 수 있는 기관

우리 몸에는 다양한 기관이 있어요. 기관들은 함께 힘을 합쳐 일하며 우리가 살아갈 수 있게 해 주지요. 하지만 사실 이 기관들이 모두 필요한 건 아니랍니다.

없어도 괜찮은 기관도 있나요?

우리 입 뒤쪽에는 **편도선**이라는 볼록한 곳 두 군데가 있어요. 편도선은 우리 몸에 들어온 나쁜 병균과 싸워 물리치는 기관 중 하나지만, 꼭 필요한 기관은 아니에요.

편도선이 여러 번 병균에 감염되어 일상 생활이 불편해지면 편도선을 제거하기도 한답니다.

숨 쉴 때 필요한 **폐**는 우리 몸속에 두 개 있어요. 하지만 한쪽 폐만 있어도 살아갈 수 있지요.

간은 여러 가지 중요한 일을 해요.
그중 하나는 에너지를
저장하는 일이랍니다.

간이 아예 없다면 살 수 없지만,
절반만이라도 남아 있다면 살 수 있어요.

간은 절반만 남아 있어도
몇 달이 지나면
원래 크기로 다시 자라.

이 기관은 **콩팥**이에요.
콩팥은 우리 몸에 필요 없는 불순물을
걸러서 피를 깨끗하게 해 주고,
찌꺼기는 오줌으로 내보내요.

우리는 콩팥 두 개를 가지고 있지만,
한쪽 콩팥만으로도 살 수 있답니다.

**맹장**은 대장 끝에 달려 있는
새끼손가락 크기만 한 주머니예요.
맹장이 정확히 어떤 일을 하는지는
아직 밝혀지지 않았어요.
우리는 맹장 없이도 살 수 있지요.

콧속이나 목에 먼지나 흙이 들어가면 **재채기**가 나와요.

재채기는 작은 침방울과 콧물을 코와 입 밖으로 폭발하듯이 날려 보내는 현상이에요.

재채기는 믿을 수 없을 만큼 빠르고, 코와 입에서 튀어나온 침과 콧물 방울은 버스 한 대 길이만큼 멀리 튀어요.

재채기를 하며 나온 침방울과 콧물 속에는 나처럼 굉장히 작은 병균들이 가득 들어 있어요!

한 번 재채기를 할 때마다 **병균 수천 마리**가 튀어나와요.

우리는 사람들을 병에 걸리게 해요!

으악! 그래서 재채기할 때는 휴지로 코와 입을 가려야 해.

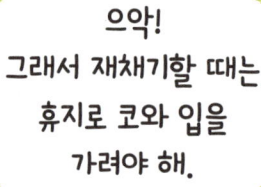

# 콧물이 줄줄!

콧물은 끈적끈적하고, 아주 더러워 보일지도 몰라요. 하지만 콧물도 아주 중요한 역할을 한답니다.

코에서는 아주 많은 양의 **콧물**이 만들어져요. 하지만 그중 아주 **일부분**만이 콧구멍 밖으로 흘러나오지요.

콧물은 대부분 코 뒤쪽으로 흘러내려서 배 속으로 들어가.

우웩!

콧물에 갇혔어!

콧물은 우리가 들이마신 병균과 먼지가 우리 몸속으로 들어가지 못하도록 잡아 두어요.

우리는 날마다 위를 한가득 채울 수 있을 만큼의 콧물을 삼켜요. 콧물 속에 있던 병균은 위로 들어가면 죽고 만답니다.

위 속으로 ↓

# 꿀꺽꿀꺽 마셔요!

우리 몸의 절반 이상은 물로 이루어져 있어요.

우리 몸에 수분을 보충하기 위해서는 매일 적어도 물을 **여섯 잔** 이상 마셔야 해요.

땀을 흘릴 때나 숨 쉴 때, 화장실에 갈 때마다 우리 몸에서 수분이 빠져나가요.

아주 더운 날이면 한 시간마다 큰 유리컵 두 잔을 채울 만큼 땀을 흘릴지도 몰라요.

우리 몸이 물병이라면, 이 정도까지 물이 차 있을 거예요.

마신 물의 양보다 몸에서 빠져나간 물의 양이 더 많으면, 뇌는 또렷이 생각하기 어려워해요. 우리 몸은 피로를 느끼기 시작하지요. 심지어 몸에 수분이 아주 부족해지면 기절할 수도 있어요.

물을 마시는 것이 가장 좋지만, 주스나 우유를 마셔서 수분을 보충할 수도 있어요.

물을 마시지 못하면 단 며칠밖에 살 수 없어요.

# 필수 영양소

우리가 살아가기 위해서는 다양한 영양소가 필요해요.
여러 가지 음식을 골고루 먹으면 우리 몸에 꼭 필요한 영양소들을 충분히 섭취할 수 있을 거예요.

## 엄청난 값어치

몸에 관련된 특별한 재능을 가지고 있는 사람들은 신체 일부에 아주 큰 금액의 **보험**을 들기도 해요.

신체 일부에 보험을 드는 게 뭔가요?

이 보험에 가입한 사람이 그 부분을 다치면 많은 돈을 받는 거야. 어떤 유명한 사람들은 놀라운 능력을 발휘하는 자기 몸 한 부분에 이런 보험을 들었어.

### 발 보험

**무용수** 마이클 플래틀리의 발은 1분에 스텝을 서른다섯 번이나 밟을 수 있었어요. 이 발로 탭 댄스 세계 기록을 세웠지요.

### 목소리 보험

가수 머라이어 캐리는 굉장한 목소리를 가지고 있어서 다른 가수들보다 훨씬 더 넓은 음역의 노래를 부를 수 있었어요.

크리스마스에 많은 걸 바라지 않아요….

## 다리 보험

축구 선수 크리스티아누 호날두는 훌륭한 다리로 골을 무려 750번 이상 넣었어요. 덕분에 호날두의 팀은 경기에서 이길 수 있었지요.

뻥!

## 맛봉오리 보험

초콜릿 과학자 헤일리 커티스는 특별한 맛봉오리를 가진 덕분에, 아주 맛있는 초콜릿을 만들 수 있었어요.

음… 이 초콜릿은 입에서 살살 녹지만, 너무 달아요.

## 손 보험

피아니스트 랑랑은 피아노 건반 위에서 춤을 추는 것처럼 보이는 손으로 아주 멋진 음악을 연주할 수 있었지요.

띠리링   따라란   또로롱

다른 사람보다 머리숱이 더 많은 사람들도 있어요.
사람의 머리카락 수를 세어 보면 다음과 같지요.

빨간색 머리카락은 숱이 가장 **적어요**. 약 9만 가닥이 나요.

검은색 머리카락은 10만 가닥쯤 나요.

여러분이 갈색 머리카락을 가지고 있다면, 아마 머리카락은 11만 가닥쯤 될 거예요.

금색 머리카락을 가진 사람들이 가장 머리숱이 **많아요**. 약 12만 가닥쯤 나지요.

머리카락을 비롯한 우리 몸의 털은 강하고 신축성 있는 **케라틴**으로 이루어져 있어요.

아래와 같은 부분들도 케라틴으로 구성되어 있답니다.

손톱

수염

뿔

발굽

# 세계를 돌고 돌아요!

우리가 평생 걷고, 뛰고, 차를 타고 다니는 거리를 합하면 지구를 세 바퀴 돌 수 있는 거리일 거예요.

# 더 피곤한 자세

우리가 걷고, 춤을 추고, 가만히 서 있을 때
피부 밑에서는 힘세고 신축성 있는 **근육**이 언제나 일하고 있어요.

우리는 걸을 때 다리와 발에 있는
모든 근육을 사용해요.
하지만 이 근육들을 전부 동시에
사용하는 건 아니에요.
각 근육들은 일을 나누어서,
역할을 분담해 움직이거든요.

나는 몇 시간 동안 이렇게 행진할 수 있어요.

겨우 십 분 동안 서 있었을 뿐인데, 벌써 다리가 아프고 피곤해요.

우리가 제자리에 가만히 서 있는 동안
발과 다리, 등에 있는 근육은
서 있는 자세를 유지하기 위해 일해요.
근육들이 쉴 틈 없이 모두 일하고 있기
때문에 우리는 금방 통증을 느끼게 되지요.

가만히 서 있는 것은 걷는 것만큼
활동적으로 보이지는 않지만,
사실 더 피곤한 자세예요.

# 우리는 다른 사람들과 꽤 비슷하고…

우리 몸의 모든 부분은 **DNA**라는 **설명서**를 따라 만들어져요.
DNA는 우리 몸속 어디에나 있지요.

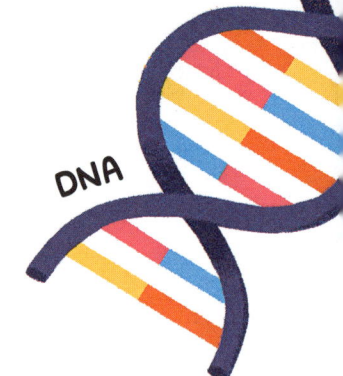
DNA

DNA는 키가
얼마나 클지 알려 줘요.

머리카락이 곱슬곱슬한지,
쭉 펴졌는지도
DNA가 결정해요.

눈동자 색이 갈색이나
파란색, 초록색을 띠는 것도
DNA 때문이에요.

사람들은 **모두** 다르게 생겼어요.
하지만 모든 사람들의 DNA는 거의 모든 부분이 똑같이 생겼답니다.

DNA에서 이 파란색 부분은
모든 사람들이 똑같이
가지고 있는 부분이에요.

이 빨간색 부분만이 사람마다 각기 다르게 생긴 부분이지요.
바로 이 DNA가 다른 사람들과 다른 **나**를 만들어요.

# …바나나와도 아주 닮았답니다!

사람만 DNA에 따라 만들어지는 건 아니에요.
살아 있는 모든 **생명체**는 DNA에 따라 만들어져요. 쥐와 해파리부터 바나나까지도요!

종은 다르지만 DNA의 많은 부분은 비슷하게 생겼어. 사람과 쥐, 바나나의 DNA도 상당히 비슷해.

DNA에서 서로 다른 이 작은 부분이 우리를 서로 다르게 만들어요!

사람과 쥐의 DNA는 이만큼이나 똑같아요.

사람과 해파리의 DNA도 이만큼 같아요.

사람과 바나나의 DNA도 이만큼 같답니다.

# 기억하고 또 기억해요!

사람의 뇌는 주먹 두 개 정도 크기예요.
하지만 어마어마한 양의 정보를 저장할 수 있지요.

뇌가 저장하는 기억의 양은…

…책 40억 권 정도의 분량,

뇌가 저장할 수 있는 정보의 양은 지금까지 세상에 나온 모든 책의 내용을 합친 것보다 더 많은 양이에요!

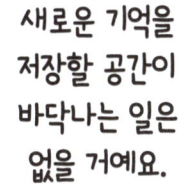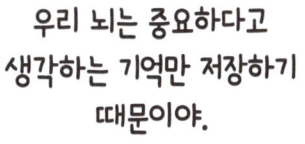

# 균형 잡기의 비밀

귀는 소리를 듣게 해 주는 것 외에도
또 다른 중요한 역할을 해요.

양쪽 귀 깊숙한 곳에는
고리 모양의 신기한 관이 있어요.
이 관은 균형을 잡는 것을 도와주지요.

다른 관 하나는 아래로 구부러져 있고요.

관 하나는 튀어나와 있어요.

위로 솟아 있는 관도 있답니다.

슈우우웅!

우리 지금 빙글빙글 돌고 있나요?

우리가 머리를 움직이면 고리 속에 든 액체가 출렁거려요.

뇌는 이 액체가 각 고리 안에서 어떻게 움직이는지를 측정해요.
그리고 액체의 움직임에 따라 위아래, 좌우의 움직임을 계속 알아내서
우리가 균형을 잡을 수 있도록 해 준답니다.

멈추지 않고 빙글빙글 돌아본 적 있나요?

빙그르르!

너무 어지러워!

우리가 빙그르르 돌다가 멈춘 다음에도 귓속에 든 액체는 잠시 동안 멈추지 않고 출렁여요. 그러면 위아래나 좌우를 구분하는 감각에 혼동이 일어나지요.

귓속에 든 고리 기관에 문제가 생기면, 아래와 같은 일을 항상 겪게 될 거예요.

자주 넘어져요.

어지러움을 느껴요.

한쪽 다리만으로 균형을 잡고 설 수 없어요.

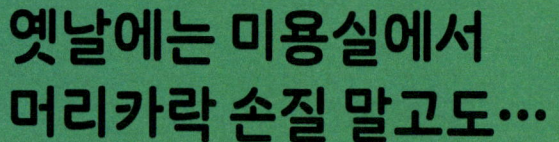

# 옛날에는 미용실에서 머리카락 손질 말고도…

…이발사가 이발과 면도, 수술까지 했어요.

**700년 전 유럽**

무엇을 도와드릴까요?
팔을 잘라 드릴까요?
아니면 이를 하나 뽑아 드릴까요?

으악, 아니요!
그냥 면도만 해 주세요.

당시의 수술은 굉장히 위험해서, 많은 사람이 수술을 받다 죽었어요.

마취를 하는 방법도 없었기 때문에 수술은 굉장히 아팠을 거예요.

# 쑥쑥 자라는 턱수염

턱수염은 몸에 난 다른 어떤 털보다도 더 빨리 자라요.

고대 이집트에서는 턱수염 길이로 자신이 얼마나 중요한 사람인지를 나타냈어요. 왕은 금속으로 만든 가짜 수염을 달기도 했고, 심지어는 여왕도 수염을 달았답니다!

만약 턱수염을 평생 한 번도 깎지 않는다면…

…턱수염이 키 5배 길이만큼 길게 자랄 거예요.

# 소화와 박테리아

위 속에는 **박테리아**라는 작은 미생물이 아주 많이 살아요.
우리가 살아가는 데 박테리아는 꼭 필요한 존재예요.

# 꼬르륵 소리는 왜 날까요?

배에서 나는 꼬르륵 소리를 **창자 가스 소리(복명)**라고 불러요.

음식과 위액, 가스가 배 속에 있는 기관을 지나갈 때 꼬르륵 소리가 나지요.

꼬르르르르르르륵!

꼬르륵 소리가 나는 걸 보니… 배가 고픈가 보군요!

창자 가스 소리는 배가 부를 때는 잘 들리지 않고, 배가 고프거나 배 속이 비어 있을 때 훨씬 더 **크게** 들려요.

---

### 다음 의학 용어는 어떤 증상을 말하는 것일까요?

**딸꾹질**     **모발기립증**     **스페노팔라틴 신경통**

눈물이 많아요. 용어는 딸꾹질이 나는 증상.

솔털이 팔에 곤두서는 증상이에요.

차가운 음식을 빨리 먹을 때 생기는 두통이에요.

# 살아있는 뼈

박물관에 있는 뼈는 아주 오래되고, 바싹 말라 있어요.
우리 몸속에 있는 뼈와는 아주 다르게 생겼답니다.

우아, 뼈가 돌덩이 같아요!

공룡 뼈는 아주 오랜 시간이 지나 **화석**이라는 돌로 변했어. 우리 몸속 뼈와는 다르게 말이야.

뼈의 바깥 부분은 몹시 **단단해요**.

뼛속에는 **구멍**이 많이 나 있어요.

뼈는 우리 몸을 지탱할 수 있을 만큼 튼튼해요. 또 몸속에 있지만 우리가 자유롭게 움직일 수 있을 만큼 가벼워요.

뼈 구멍 속에는 **골수**라는 액체가 가득 들어 있어요. 바로 여기에서 피가 만들어져요.

작은 혈관들이 뼈 밖으로 피를 내보내고, 피를 온몸으로 실어 날라요.

# 재미있는 뼈

엑스레이 사진을 찍으면 몸속에 있는 뼈를 볼 수 있어요.
뼈 사진은 아래 그림처럼 흑백으로 나타난답니다.

우리 몸속에서 **가장 작은 뼈**예요.
실제 크기가 아래 그림과 같아요.

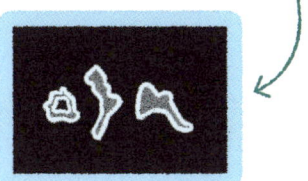

이 뼈는 귓속 깊숙한 곳에 있어요.
이 뼈가 진동하면서
소리를 전달하고,
들을 수 있도록 해 주지요.

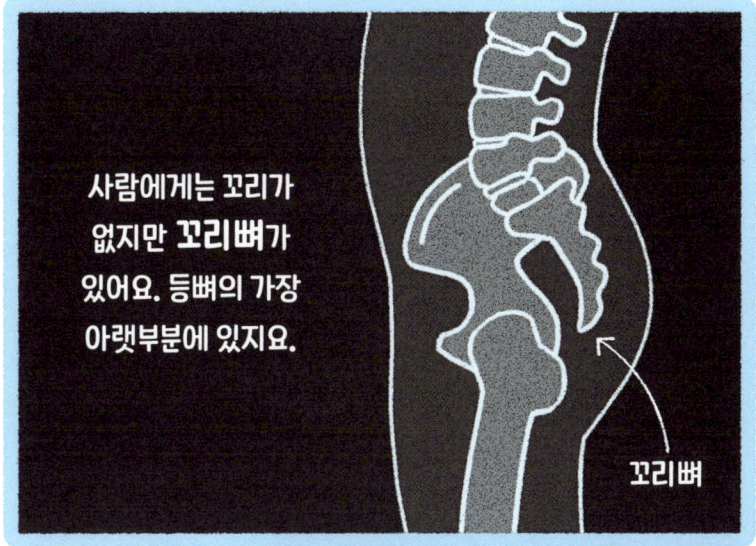

사람에게는 꼬리가 없지만 **꼬리뼈**가 있어요. 등뼈의 가장 아랫부분에 있지요.

꼬리뼈

사람의 목뼈 개수와
기린의 목뼈 개수는
똑같이 **7개**예요.

하지만 기린의 목뼈는
사람의 목뼈보다
훨씬 더 길어요.

# 대체 무슨 냄새지?

과학자들은 사람의 코가 적어도 **1조** 가지의 냄새를 구별할 수 있다고 생각해요.
1조는 **1,000,000,000,000** 라고 쓰는 아주 큰 숫자예요!

냄새는 우리가 **음식 맛**을 즐길 수 있게 도와줘요. 대부분의 음식 맛은 냄새에 달려 있어요.

또 썩었거나 탄 음식처럼 **위험한 음식**을 냄새로 알아낼 수도 있지요.

심지어 냄새를 맡고 **날씨**를 예측할 수도 있어요.

흙냄새가 나는 걸 보니 폭풍우가 오고 있나 본데!

**우리 몸도 온갖 냄새를 풍겨요.**

냄새나는 음식을 먹거나, 한동안 몸을 씻지 않으면 몸에서 평소와 다른 냄새가 나요.

건강이 안 좋을 때에도 몸에서 나는 냄새가 달라질 수 있어요. 사람들은 그런 냄새를 잘 맡지 못하지만, 개는 알아차리기도 한답니다.

우리는 냄새로 질병을 발견하는 훈련을 받기도 해요.

내 주인은 두통이 생기면 평소와 조금 다른 냄새가 나요.

나는 냄새를 맡아서 암을 발견할 수 있어요.

약을 꼭 먹어야 한다는 걸 알려 주었으니까 괜찮을 거예요.

51

## 몇 시일까요?

우리가 지금 몇 시인지 정확히 알지 못하더라도, 우리 몸은 시간을 알고 있어요. 뇌의 일부분이 언제나 시간을 가늠하고 있거든요. 이것을 **생체 시계**라고 해요.

생체 시계는 **호르몬**이라는 화학 물질을 관리해요. 뇌는 하루 동안 각기 다른 시간대에 호르몬을 몸 곳곳에 보내요. 그러면 호르몬이 우리 몸에 무엇을 해야 할 시간인지 알려 줘요.

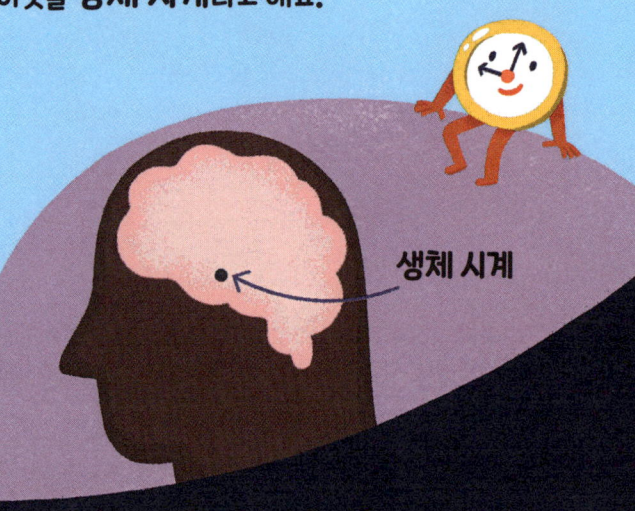

생체 시계

아침이 오면, 생체 시계가 일어날 시간을 알려줘요.

생체 시계는 밥을 먹을 때와…

…공부하고 놀 에너지가 있는 시간도 알려 주지요.

잠을 잘 시간이 되면, 생체 시계는 우리 몸을 굼뜨게 만들어서 쉴 수 있게 해요.

그래서 잠들어 있어야 할 시간에 깨어 있으면 몸이 나른해지고, 꾸벅꾸벅 졸게 되는 거예요.

생체 시계는 **어떻게** 지금이 몇 시인지 알 수 있어요?

빛으로 알아내요. 눈으로 밤낮이 바뀌는 것을 감지하고, 생체 시계가 그 시간을 기억하는 거예요.

그래서 잠들기 전에 전자 기기를 보는 것은 좋지 않아요. 전자 기기에서 나오는 빛은 생체 시계가 지금이 낮인 것처럼 착각하게 만들어서 잠들기 어려워지거든요.

# 아이스크림을 먹으면 왜 머리가 아플까요?

때로는 아픔을 느끼는 곳과 실제로 아픈 부위가 다를 수도 있어요.

갑자기 차가운 것을 먹거나 마시면 **머리**가 아프기도 해요.
이런 증상을 **아이스크림 두통**이라고 해요.
차가운 것이 **목구멍**에 닿아서 생기는 증상이지요.

**위**에 문제가 생기면 **어깨**가 아프기도 해요.

**심장 마비** 증세를 **왼쪽 팔**에서 느끼기도 해요.

**콩팥**에 문제가 생기면 **등 아래쪽**이나 **허벅지**가 아플 수 있어요.

왜 문제가 생긴 부위에서 통증을 느끼지 못하는 거예요?

아픔을 느끼는 **감각체**는 우리 몸 곳곳에 퍼져 있어. 우리 몸의 신경이 감각체에서 통증 신호를 받아서 뇌로 전달하지. 그런데 어떤 부위의 신경들은 서로 연결되어 있기 때문에 뇌가 혼동을 일으켜서 실제로 아픈 곳이 아닌 다른 부위가 아픈 것처럼 느껴지는 거야.

# 아픔을 느끼지 못하는 뇌

우리 몸에 아픔을 느끼는 감각체가 없는 곳은 **뇌**뿐이에요.

수술을 할 때는 미리 마취를 해서 환자가 통증을 느끼지 못하게 해요.
하지만 뇌 수술은 환자가 깨어 있어도 수술을 할 수 있고,
환자도 아픔을 느끼지 않아요.

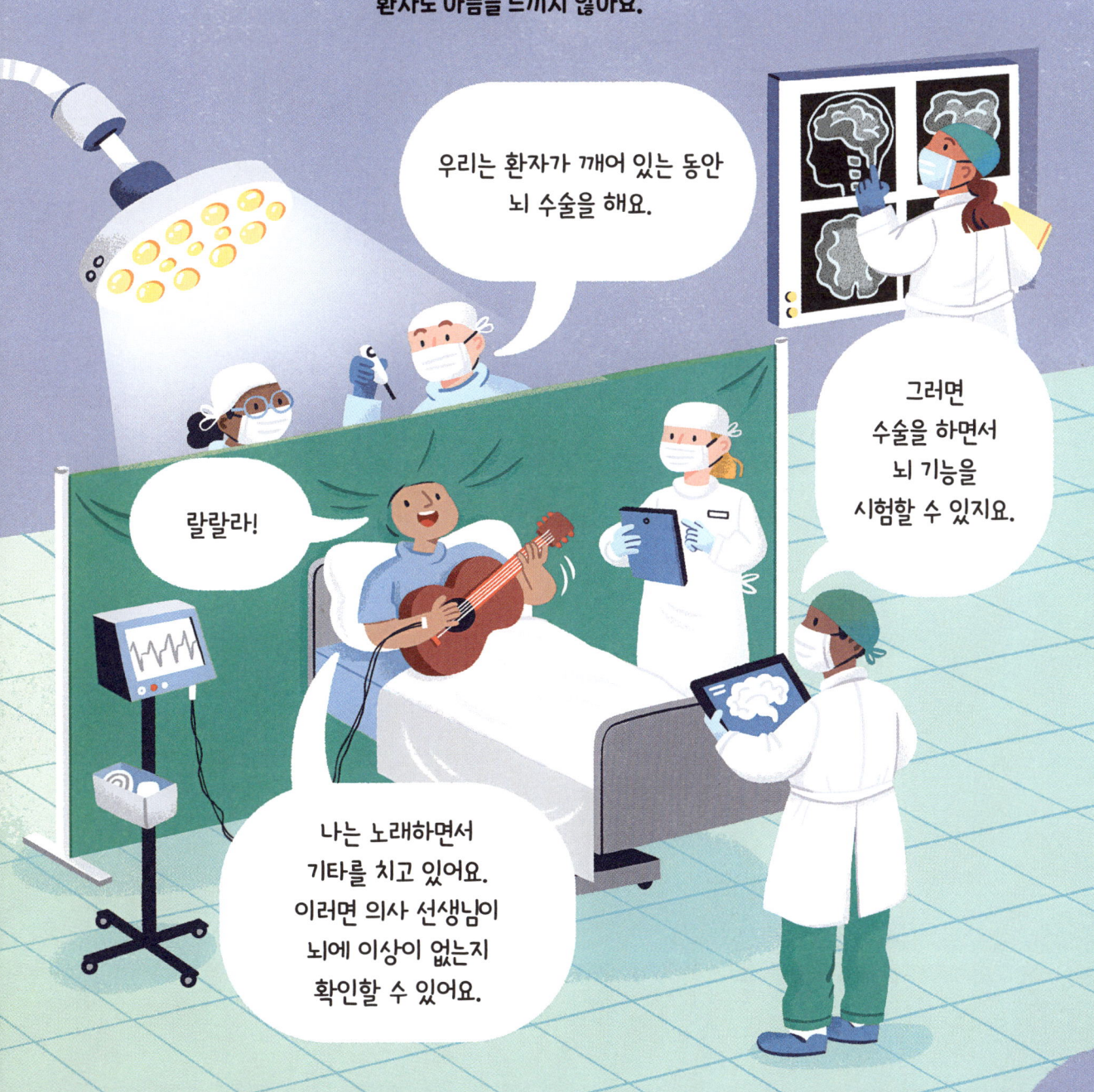

# 건강에 좋은 웃음

깔깔깔 웃음이 나오는 데에는 여러 가지 이유가 있지요.
미소를 짓거나 크게 웃는 것이 실제로도
**건강에 좋다**는 사실을 알고 있었나요?

우리가 미소를 짓거나
소리 내어 웃으면,
뇌는 **엔도르핀**이라는
화학 물질을 내보내요.

엔도르핀은
기분이 좋아지게 해 주고,
통증을 줄여 주기도 해요.

미소를 짓거나 소리 내어 웃으면
친구들과 가까워질 수 있고,
새 친구도 사귈 수 있을 거예요.

신나게 웃으면 심장과 가슴,
배와 어깨 근육을 운동하는
효과도 있어요.

그래서 배꼽을 잡고
한참 웃으면 근육의 긴장도
풀 수 있답니다.

# 가장 작은 것이 우리 몸을 가장 아프게 할 수도 있어요!

병균은 눈에 보이지 않을 만큼 굉장히 **작아요**.
하지만 병균이 우리 몸속에 들어오면
우리를 아주 아프게 만들지요.
어떤 병균들이 어떤 질병을 일으키는지 살펴보세요.

사스-코브-2
질병: 코로나바이러스감염증-19

우리는 2019년에 발견되었어요.

바리셀라-조스터 바이러스
질병: 수두

수두는 전염성이 있어요.

수두에 걸리면 몸에 붉은 점이 생기고, 아주 가려워요.

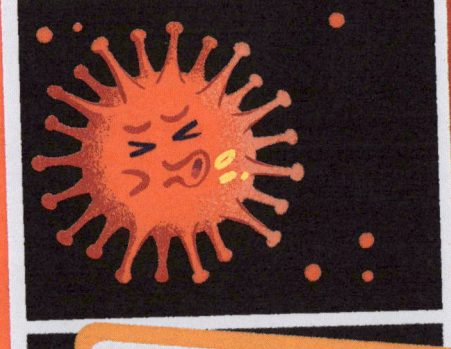

인플루엔자바이러스
질병: 독감

스트렙토코쿠스 무탄
질병: 충치

우리는 이에 살면서 이를 썩게 만들어요.

좋아하는 것 : 단 음식
싫어하는 것 : 양치질

캄필로박터
질병: 식중독

우리는 배를 아프게 하고, 설사가 나게 해요.

좋아하는 것 : 덜 익힌 고기
싫어하는 것 : 익힌 요리

# 병균을 어떻게 물리칠까요?

우리 몸에는 병을 일으키는 병균에 맞서 싸우는 전투 부대도 있답니다.

바로 **백혈구**예요.

우리는 온몸을 돌아다니며 병균과 싸워요.

어떤 백혈구는 **항체**라는 무기로 병균을 공격해요.

항체

병균을 잡아먹는 백혈구도 있어요.

꺼억!

백혈구가 병균을 물리치면 우리 몸은 다시 건강해질 거예요.

# 하품이 나려고 하나요?

다른 사람에게서 감기를 옮은 적이 있을 거예요.
그런데 하품도 옮을 수 있다는 것을 알고 있었나요?

다른 사람이 하품하는 모습을 **보거나**,
'하품'이라는 단어를 **읽거나**,
심지어 하품을 **떠올리기만** 해도
진짜 하품이 나올 수 있어요.

심지어 어떤
과학 실험에서는
**'하품하지 마세요'**라는
말을 들었을 때
하품을 **더** 하게 된다는
사실을 밝혀냈어요.

어떤 사람은 다른 사람들보다 유난히 하품이 잘 옮기도 해요.
여러분은 이 페이지를 읽으며 하품을 했나요?
아니면 하품을 하지 않았을까요?

# 잠을 자는 동안…

…우리는 꿈꾸고 있지만,
뇌는 열심히 활동하고 있어요.

자는 동안 뇌는 낮에 배운
사실들을 되새기지요.

뇌는 낮보다 밤에 **더 바빠요**.

'왕귤나무'

뇌는 기억을 정리해서 보관해요.

학교에서 일어난 재미있는 일

나와 테디

무서운 일

나가는 곳

깨어 있는 동안
머릿속에 모아 둔 정보 중
필요 없는 것들을
밤에 정리하지요.

이런 과정 덕분에 우리는 행복하고 건강하게 지낼 수 있고,
새로운 것을 배울 준비를 할 수 있어요.

# 낱말 풀이

이 책에 나온 단어의 뜻을 아래에서 찾아볼 수 있어요.

**간** 에너지를 저장하고 호르몬을 내보내는 등, 여러 가지 중요한 일을 하는 몸속 기관

**근육** 몸을 움직일 때 쓰이는 기관

**기관** 몸에서 특정한 역할을 하는 몸속 여러 부위

**뇌** 우리 몸에 대한 거의 모든 것을 지휘하는 머릿속 기관

**맛봉오리** 음식 맛을 느끼게 해 주는 혀에 난 작디작은 혹

**맹장** 배 속에 있는 새끼손가락 크기의 주머니

**박테리아** 눈으로는 보이지 않을 만큼 아주 작은 생명체

**병균** 병을 일으키는 원인이 되는 미생물

**산소** 생명체가 숨쉬고 살아가기 위해 필요한 공기 속 기체

**수술** 의사가 몸속에 생긴 문제를 치료하는 일

**신경** 실처럼 이어져 몸에서 뇌로, 뇌에서 몸으로 메시지를 전달하는 조직

**심장** 근육으로 이루어졌고, 온몸에 피를 보내는 기관

**심장 마비** 심장의 기능이 갑자기 멈추는 증상

**위** 식도와 작은창자 사이에 있고 주머니처럼 생긴 소화 기관

**자궁** 엄마의 몸속에 있고, 아기가 태어나기 전에 자라는 기관

**장애** 어떤 일을 하기 더 힘들게 만드는 몸이나 마음의 상태

**적혈구** 핏속에 있고, 온몸에 산소를 전달하는 작고 둥근 빨간색 덩어리

**점액** 코 또는 기관에서 끈끈하게 흘러나오는 액체

**콩팥** 등 아래쪽에 두 개 있으며, 피를 깨끗하게 하고 오줌을 만드는 기관

**탯줄** 아기가 자궁에서 자라는 동안 영양분과 물, 산소를 전달하는 관

**편도선** 목 뒤쪽에 있는 두 개의 작은 기관으로, 몸에 들어온 병균과 싸우는 부위

**폐** 가슴에 두 개 있으며, 숨을 쉴 때 쓰이는 기관

**폐포** 작은 풍선처럼 생긴 폐의 일부로, 숨을 쉴 때 공기가 가득 차는 곳

**호르몬** 몸에서 분비되어 몸이 어떤 기능을 해야 할지 알려 주는 화학 물질

**DNA** 우리 몸 어디에나 있고, 생김새와 기능을 결정하는 유전 정보 물질

# 찾아보기

간 27, 62
귀 42-43
균형 42-43
근육 8-9, 23, 31, 36-37, 56, 62
기관 2, 26, 62
기억 40-41, 61
꼬리뼈 49

냄새 18, 46, 50-51, 57
노래 32, 55
뇌 16-17, 25, 30, 40-41, 42, 52, 54-55, 56, 61, 62
눈 5, 13, 18, 53, 57

다리 21, 25, 33, 37, 43
등 37, 54
땀 30

맛봉오리 18-19, 33, 62
맹장 27, 62
머리 13, 42, 54
머리카락 35, 38, 44
목 28
물 4, 30

박테리아 46, 62
발 13, 32, 37
방귀 10
배 4-5, 27, 29, 47, 58
배꼽 4
백혈구 59
병균 7, 26, 28-29, 31, 58-59, 62
뼈 5, 20-21, 31, 48-49

산소 3, 4, 23, 62
생체 시계 52-53
손 33
손톱 35
수술 44, 55, 62
신경 17, 54, 62
심장 8, 23, 31, 56, 62
심장 마비 54, 62

아기 4-5
아이스크림 두통 47, 54
엑스레이 49
웃음 56-57
위 7, 29, 46, 54, 62
음식 18-19, 31, 46, 50-51
이 31, 44, 58
입 19, 28
입술 34

자궁 4-5, 62
잠 11, 53, 61
장애 25, 62
재채기 28
적혈구 22-23, 62
전기 16-17
점액 7, 62
지문 14-15
질병 31, 51

철분 22, 31

코 18, 28-29, 50
콧물 28-29
콩팥 27, 54, 62
키 12-13, 20-21, 45

탭 댄스 32
탯줄 4, 62
턱 9
턱수염 45
털 5, 34-35, 45
통증 54-55

팔 44, 54
편도선 26, 62
폐 3, 23, 26, 62
폐포 3, 62
피 22-23, 27, 31, 48
피부 2, 34, 37

하품 60
혀 14, 18
호르몬 52, 62
호흡 3

DNA 38-39, 62

※ 어스본 출판사는 어스본 바로가기에서 추천하는 웹사이트들을 규칙적으로 확인하고 있습니다. 하지만 추천 웹사이트 외에 다른 웹사이트의 내용에 대해서 책임지지 않습니다. 다른 추천 사이트들을 살펴보다가 바이러스에 걸릴 경우, 어스본 출판사는 피해에 대해 책임지지 않습니다.

한국어판 1판 1쇄 펴냄 2022년 10월 1일
옮김 신인수 편집 문선의 디자인 전유진 펴낸곳 (주)비룡소인터내셔널 전화 02)6207-5007 팩스 02)515-2007
한국어판 저작권 © 2022 Usborne Publishing Limited
영문 원서 Lots of things to know about Your Body 1판 1쇄 펴냄 2022년
글 사라 헐 그림 수신나 루미즈 디자인 케이티 웨브 감수 살마 아메드 박사
펴낸곳 Usborne Publishing Limited  usborne.com
영문 원서 저작권 © 2022 Usborne Publishing Limited
이 책의 영문 원서 저작권과 한국어판 저작권은 Usborne Publishing Limited에 있습니다.
저작권법에 의하여 한국 내에서 보호를 받는 저작물이므로 무단전재와 복제를 금합니다.
어스본 이름과 풍선 로고는 Usborne Publishing Limited의 트레이드 마크입니다.